스스로

급수 한자

한자어 쓰고 어휘력 잡고

7급Ⅱ · 따라쓰기

스쿨존에듀
SCHOOLZONE

스스로 급수한자 따라쓰기 7급 II

ISBN 979-11-92878-01-0 63700

초판 1쇄 펴낸날 2023년 1월 10일

펴낸이 정혜옥 ∥ 기획 컨텐츠연구소 수(秀)
표지디자인 book design **twoesdesign.com** ∥ 내지디자인 이지숙
마케팅 최문섭 ∥ 편집 연유나, 이은정

펴낸곳 스쿨존에듀
출판등록 2021년 3월 4일 제 2021-000013호
주소 04779 서울시 성동구 뚝섬로 1나길 5(헤이그라운드) 7층
전화 02)929-8153 ∥ 팩스 02)929~8164
E-mail **goodinfobooks@naver.com**

이렇게 활용해요

1. 큰 소리로 읽으며 써 보아요

묵묵히 쓰기보다는 소리 내어 읽는 것이 기억하는 데 훨씬 도움이 됩니다.

2. 쓰기 획수를 먼저 살펴보고 따라 써요

어떻게 쓰는지 쓰기 순서를 잘 보고 따라 써 보세요. 쓰는 순서가
다르면 제대로 쓴다고 할 수 없어요.

3. 하루 한 페이지 혹은 두 페이지, 목표를 정하고 완벽히 소화해요

하루 한 페이지씩 무작정 따라 쓰다 보면 7급 II 신출한자 50자가 스르륵 내 품 안에!

4. 한자의 관계를 생각하며 익혀요

7급 II 신출한자 50자를 주제별로 묶어 놓았어요. 알고리즘식 구성
이라 차례대로 공부하면 기억하기에도 좋아요.

5. 쓰기 한자 밑의 단어를 활용해요

쓰기 한자 밑의 단어는 하나의 한자를 익히는 데 도움이 될 거예요.
써 보지 못한 한자가 나와서 어렵다면 일단 읽기만 하고 한 권을 다
끝낼 즈음 다시 단어들만 써 보는 방법도 있답니다.

한자의 구성

한자는 한 글자마다 모양(형), 소리(음), 뜻(의, 훈)을 갖추고 있어요.

人 — 형
인 — 음
사람 — 훈

부수가 뭐예요?

뜻으로 나누어진 한자 무리에서 뜻을 대표하는 글자를 부수라고 해요. 한자의 뜻은 부수와 관련이 있어서 이를 알면 한자를 쉽게 이해할 수 있답니다. 일반적으로 214개의 부수로 나누어 사용하고 있는데, 그 위치마다 여러 가지 이름으로 불려요.

❶ 변 : 글자의 왼쪽에 있는 부수

　木 나무 목 변 : 校, 林

❷ 방 : 글자의 오른쪽에 있는 부수

　阝(邑) 우부방(고을 읍 방) : 郡

❸ 머리 : 글자의 위에 있는 부수

　宀 갓머리(집 면) : 室, 安

❹ 발 : 글자의 아래에 있는 부수

　儿 어진사람 인 발(사람 인) : 先, 兄, 光

❺ 엄 : 글자의 위와 왼쪽을 싸고 있는 부수

　广 엄호(집 엄) : 度, 序

6 **책받침** : 글자의 왼쪽과 밑을 싸고 있는 부수

辶 갖은책받침(쉬엄쉬엄 갈 착) : 道, 過

7 **몸** : 글자를 에워싸고 있는 부수

口 에운담(큰 입 구) : 國, 圖

8 **제부수** : 한 글자가 그대로 부수인 것

立, 車

한자는 이런 순서로 써요

그림처럼 보이는 한자, 어떻게 써야 할지 막막하죠? 한자를 쓰는 데도 규칙이 있어
요. 이를 필순이라고 해요. 한자를 쓰는 기본적인 순서는 다음과 같아요.

1 위 먼저 쓰고 아래는 나중에 써요

예) 一 二 三 석 삼

2 왼쪽에서 오른쪽으로 써요

예) 丿 丿丨 川 내 천

3 세로획을 먼저 써요

예) 丿 刀 月 月 달 월

4 가운데 획을 먼저, 삐침을 나중에 써요

예) 亅 小 小 작을 소

5 둘러싼 밖을 먼저, 안을 나중에 써요

예) 丨 冂 冂 四 四 넷 사

6 꿰뚫는 획은 나중에 써요

예) 丨 ㄇ 口 中 가운데 중

예) 乚 乃 乃 母 母 어머니 모

7 좌우에 삐침이 있을 땐 왼쪽 삐침을 먼저 써요

예) 丿 丷 少 父 아버지 부

8 책받침은 맨 나중에 써요

예) 丶 丷 䒑 䒑 产 芦 首 首 首 首 首 渞 道 길 도

9 가로획과 세로획이 교차할 땐 가로획을 먼저 써요

예) 一 十 열 십

10 오른쪽 위의 점은 마지막에 써요

예) 一 ナ 大 犬 개 견

11 위쪽에 있는 점을 먼저 써요

예) 丿 乀 白 白 白 흰 백

12 바깥쪽에 있는 점을 먼저 써요

예) 丶 丷 少 火 불 화

차례

✏️ 사람과 관련된 한자를 따라 써 보세요.

男	사내 남
	*부수 田
	총 7획　丶 冂 曰 田 田 男 男

男	男				
사내 남	사내 남			男	
					男

男	學	生	男	學	生
사내 남	배울 학	날 생	남	학	생

⭐ 남자 학생

長	男	長	男				
긴 장	사내 남	장	남				

⭐ 집안에서 맏이가 되는 아들

✏️ 사람과 관련된 한자를 따라 써 보세요.

子

아들 자

*부수 子

총 3획 ㄱ 了 子

子					
아들 자					

子	女						
아들 자	여자 녀(여)						

⭐ 아들과 딸

子	正						
아들 자	바를 정						

⭐ 밤 열두 시. 낮 열두 시는 '정오(正午)'라고 해요.

✏️ 사람과 관련된 한자를 따라 써 보세요.

姓
성 성
*부수 女
총 8획 ㄥ ㄥ ㄥ ㄥ 女 女 姓 姓

姓	姓				
성 성	성 성				
			姓		
	姓				

姓	名	姓	名				
성 성	이름 명	성	명				

⭐ 성과 이름

萬	百	姓	萬	百	姓
일만 만	일백 백	성 성	만	백	성

⭐ 나라 안의 모든 백성. 온조가 세운 백제는 만백성이 따른다는 뜻을 갖고 있어요.

✎ 사람과 관련된 한자를 따라 써 보세요.

工

장인 공

*부수 工

총 3획 一 丁 工

工					
장인 공					

工	事	場			
장인 공	일 사	마당 장			

★ 공사를 하는 곳

人	工				
사람 인	장인 공				

★ 자연 그대로의 사물에 사람의 손길이나 힘을 가하여 바꾸어 놓는 일

名

이름 명

*부수 口

총 6획 ノ ク タ タ 名 名

名	名				
이름 명	이름 명				
名			名		
			名		

名	物	名	物						
이름 명	물건 물	명	물						

★ 어느 지방에서 특별하게 이름난 물건. 안동의 하회탈, 천안의 호두과자, 울릉도의 오징어 등이 대표적이에요.

有	名	有	名						
있을 유	이름 명	유	명						

★ 이름이 세상에 널리 알려져 있음

✏️ 사람과 관련된 한자를 따라 써 보세요.

孝
효도 효

*부수 子

총 7획   一 十 土 耂 考 孝 孝

孝				
효도 효				

孝	道						
효도 효	길 도						

★ 부모의 은혜를 알고 정성껏 잘 받들어 모시는 걸 말해요.

不	孝						
아닐 불/부	효도 효						

★ 어버이를 잘 섬기지 않아 자식 된 도리를 하지 못함

✏️ 신체와 관련된 한자를 따라 써 보세요.

手

＊부수 手

총 4획　　丿　二　三　手

手	手				手
손 수	손 수				
		手			
手					

手	中	手	中						
손 수	가운데 중	수	중						

★ 손의 안. 자기가 소유할 수 있거나 권력을 행사할 수 있는 범위를 뜻하기도 해요.

手	話	手	話						
손 수	말씀 화	수	화						

★ 청각 장애가 있는 사람들이 손과 손가락의 모양, 손바닥의 방향 및 위치, 손의 움직임을 달리 하여 의미를 전달하는 언어

✏️ 신체와 관련된 한자를 따라 써 보세요.

足

발 족

*부수 足

총 7획   丶 丨 口 卫 乎 乎 足 足

足				
발 족				

自	足				
스스로 자	발 족				

⭐ 스스로 넉넉함을 느낌

不	足				
아닐 불/부	발 족				

⭐ 필요한 양이나 기준에 미치지 못해 충분하지 않음. 모자람을 느낄 때 쓰는 표현이죠.

✏️ 사람과 관련된 한자를 따라 써 보세요.

力 힘 력(역)
*부수 力
총 2획 ㄱ 力

力	力				
힘 력(역)	힘 력(역)				
				力	
力			力		

力	道	力	道				
힘 력(역)	길 도	역	도				

⭐ 사람의 체중에 따라 일정한 무게의 역기를 들어올리는 운동 경기

活	力	活	力				
살 활	힘 력(역)	활	력				

⭐ 살아 움직이는 힘

✏️ 사람과 관련된 한자를 따라 써 보세요.

氣

기운 기

*부수 气

총 10획 丿 丿 丿 气 气 气 氕 氣 氣 氣

氣
기운 기

氣	力				
기운 기	힘 력(역)				

⭐ 사람이 몸으로 활동할 수 있는 정신과 육체의 힘

空	氣				
빌 공	기운 기				

⭐ 지구를 둘러싼 대기의 아래쪽을 구성하고 있는 색과 냄새가 없는 기체. 또는 그 자리에 느껴지는 기분이나 분위기를 일컫기도 해요.

✏️ 시간과 관련된 한자를 따라 써 보세요.

間	사이 간
	*부수 門
	총 12획　丨　卜　卜　卜　卜　門　門　門　門　問　間　間

間	間				
사이 간	사이 간				
			間		
間					間

中	間	中	間				
가운데 중	사이 간	중	간				

★ 두 사물의 사이

空	間	空	間				
빌 공	사이 간	공	간				

★ 아무것도 없는 빈 곳

午 | 낮 오
*부수 十
총 4획　 ノ ト ト 午

午					
낮 오					

午	後					
낮 오	뒤 후					

★ 낮 열누 시부터 밤 열두 시까지의 동안

正	午					
바를 정	낮 오					

★ 낮 열두 시. 밤 열두 시는 '자정(子正)'

✏️ 시간과 관련된 한자를 따라 써 보세요.

時					

때 시

＊부수 日

총 10획 丨 冂 日 日 日一 日丶 日土 日丰 時 時

時	時			時	
때 시	때 시				
	時				
				時	

時	間	時	間				
때 시	사이 간	시	간				

⭐ 어떤 시각에서 어떤 시각까지의 사이

時	空	間	時	空	間
때 시	빌 공	사이 간	시	공	간

⭐ 시간과 공간을 함께 일컫는 말

✎ 시간과 관련된 한자를 따라 써 보세요.

每 **매양 매**

*부수 母

총 7획 ノ ケ ケ 与 与 每 每

每					
매양 매					

每	事						
매양 매	일 사						

⭐ 하나하나의 모든 일

每	日						
매양 매	날 일						

⭐ 하루하루의 모든 날

前	앞 전
	*부수 刂
	총 9획　 ` ﹀ ⺌ ⺍ 广 芍 芍 肖 前 前 前

前	前				
앞 전	앞 전				
	前				前
前					

事	前	事	前				
일 사	앞 전	사	전				

★ 무슨 일이 일어나기 전. 또는 무슨 일을 시작하기 전

前	生	前	生				
앞 전	날 생	전	생				

★ 이 세상에 태어나기 이전에 살았던 삶을 말해요.
　 불교에서 말하는 삼생(三生)의 하나로, 윤회 사상을 배경으로 한 표현

後

뒤 후

＊부수 彳

총 9획 ′ ′ 彳 彳 彳 律 律 律 後 後

後				
뒤 후				

後	世				
뒤 후	인간 세				

★ 다음에 오는 세상이나 그 사람들

後	事				
뒤 후	일 사				

★ 어떤 일이 있은 뒤에 생기거나 일어날 일. '뒷일'이라고 표현하기도 해요.

✎ 위치와 관련된 한자를 따라 써 보세요.

上	윗 상
	*부수 一
	총 3획　ㅣ ㅏ 上

上	上				
윗 상	윗 상		上		
			上		
		上			上

上	水	道	上	水	道
윗 상	물 수	길 도	상	수	도

★ 먹는 물을 공급하는 시설. 더러워진 물을 처리하기 위한 '하수도(下水道)'도 기억해요.

世	上	世	上		
인간 세	윗 상	세	상		

★ 사람들이 생활하고 있는 사회

✏️ 위치와 관련된 한자를 따라 써 보세요.

下 아래 하

*부수 一

총 8획 一 丁 下

下				
아래 하				

手	下				
손 수	아래 하				

⭐ 어떤 인물보다 낮은 위치에 있는 사람을 지칭할 때 쓰는 표현

下	校				
아래 하	학교 교				

⭐ 학교에서 집으로 돌아옴

✏️ 위치와 관련된 한자를 따라 써 보세요.

左 | 왼 좌

*부수 工

총 5획   一 ナ ナ ナ 左

左				
왼 좌	왼 좌			

左	右	左	右				
왼 좌	오른 우	좌	우				

⭐ 왼쪽과 오른쪽

左	方	左	方				
왼 좌	모 방	좌	방				

⭐ 왼쪽 방향

✏️ 위치와 관련된 한자를 따라 써 보세요.

右

오른 우

＊부수 口

총 5획 一 ナ オ 右 右

右					
오른 우					

右	向	右			
오른 우	향할 향	오른 우			

★ 바로 서 있는 상태에서 몸을 오른쪽으로 90도 틀어 돌아서라는 구령이에요.

上	下	左	右				
윗 상	아래 하	왼 좌	오른 우				

★ 위와 아래, 왼쪽과 오른쪽을 아울러 이르는 말

✏️ 위치와 관련된 한자를 따라 써 보세요.

內

안 내

*부수 入

총 4획　丨　冂　内　内

內					
안 내	안 내				

內	外				
안 내	바깥 외	내	외		

⭐ 안과 밖을 아울러 이르는 말. 남편과 아내를 이르기도 해요.

內	室				
안 내	집 실	내	실		

⭐ 안주인이 거처하는 방

✏️ 자연과 관련된 한자를 따라 써 보세요.

海 **바다 해**

*부수 氵

총 10획 丶 丶 冫 氵 汁 海 海 海 海 海

海				
바다 해				

海	物						
바다 해	물건 물						

⭐ 바다에서 나는 동식물을 이르는 말

海	外						
바다 해	바깥 외						

⭐ 바다의 밖. 다른 나라를 이르기도 함

✏️ 자연과 관련된 한자를 따라 써 보세요.

江

강 강

*부수 氵

총6획 ` ` 氵 氵 汀 江 江

江	江		江		
강 강	강 강				
江			江		

江	山	江	山				
강 강	메/산 산	강	산				

⭐ 강과 산. 자연의 경치를 이르는 말

漢	江	漢	江				
한수/한나라 한	강 강	한	강				

⭐ 우리나라 중부를 흐르는 강. 태백산맥에서 시작해 황해로 흘러들어요.

✏️ 자연과 관련된 한자를 따라 써 보세요.

電	번개 전
	*부수 雨
	총 13획 一 一 一 一 二 二 二 二 三 零 零 雷 雷 電

電					
번개 전					

電	動	車			
번개 전	움직일 동	수레 차			

★ 전기 에너지로부터 회전력을 얻은 기계의 힘으로 레일 위를 달리는 차

電	力						
번개 전	힘 력						

★ 단위시간 동안 전기장치에 공급되는 전기 에너지

✏️ 자연과 관련된 한자를 따라 써 보세요.

物 **물건 물**
*부수 牛
총 8획 　丿 　亠 　牜 　牛 　牜 　牛 　物 　物 　物

物	物				
물건 물	물건 물				

人	物	人	物		
사람 인	물건 물	인	물		

⭐ 생김새나 됨됨이로 본 사람

動	物	動	物		
움직일 동	물건 물	동	물		

⭐ 움직일 수 있으며, 다른 생물로부터 양분을 얻어 살아가는 생물. 물고기, 뱀, 호랑이, 새 등

✏️ 상태와 관련된 한자를 따라 써 보세요.

空				

빌 공

*부수 穴

총 8획 ` ` ' ' 宀 宇 空 空 空 空 空

空
빌공

上	空						
윗 상	빌 공						

⭐ 높은 하늘

空	白						
빌 공	흰 백						

⭐ 종이나 책 등에서 글씨나 그림이 없는 빈 곳

✏️ 상태와 관련된 한자를 따라 써 보세요.

平	**평평할 평**
	*부수 干
	총 5획　一　ㅗ　ㅗ　ㅍ　平

平	平		平	
평평할 평	평평할 평			
平			平	

不	平	不	平				
아닐 불/부	평평할 평	불	평				

⭐ 마음에 들지 않아 못마땅하게 여김

平	日	平	日				
평평할 평	날 일	평	일				

⭐ 특별한 일이 없는 보통 때

34

✏️ 상태와 관련된 한자를 따라 써 보세요.

直 곧을 직

*부수 目

총 8획 　一 十 十 古 古 肯 首 直

直
곧을 직

| 直 | 立 | | | | |
| 곧을 직 | 설 립(입) | | | | |

⭐ 꼿꼿하게 바로 섬

| 直 | 前 | | | | |
| 곧을 직 | 앞 전 | | | | |

⭐ 어떤 일이 일어나기 바로 전

✏️ 상태와 관련된 한자를 따라 써 보세요.

方	모 방
	*부수 方
	총 4획　`、 亠 方 方`

方	方			方	
모 방	모 방				
	方				方

方	道	方	道				
모 방	길 도	방	도				

⭐ 어떤 일을 하거나 문제를 풀어 가기 위한 방법

四	方	八	方	四	方	八	方
넉 사	모 방	여덟 팔	모 방	사	방	팔	방

⭐ 여기저기 모든 방향이나 방면

✐ 상태와 관련된 한자를 따라 써 보세요.

全
온전 전
*부수 入
총 6획 ／ 入 스 슈 슈 全

全					
온전 전					

全	力						
온전 전	힘 력(역)						

★ 모든 힘

安	全						
편안 안	온전 전						

★ 위험이 생기거나 사고가 날 염려가 없이 편안하고 온전한 상태

✏️ 상태와 관련된 한자를 따라 써 보세요.

不 | 아닐 불/부
*부수 一
총 4획 一 アオ 不

不	不				
아닐 불/부	아닐 불/부				
	不	不			
					不

不	正	不	正				
아닐 부	바를 정	부	정				

⭐ 올바르지 않거나 옳지 못함

不	安	不	安				
아닐 불	평안 안	불	안				

⭐ 마음이 편하지 않고 조마조마함

사람의 활동과 관련된 한자를 따라 써 보세요.

立

설 립(입)

*부수 立

총 5획 丶 亠 亣 立 立

立 설 립(입)					

立 설 립(입)	場 마당 장						

★ 바로 눈앞에 서 있는 상황

中 가운데 중	立 설 립(입)	國 나라 국			

★ 국제 관계에서 대립하고 있는 주요 세력의 어느 한편과도 동맹을 맺지 않고 중간적인 입장을 지켜 나가는 나라. 스위스가 대표적

✏️ 사람의 활동과 관련된 한자를 따라 써 보세요.

動
움직일 동
＊부수 力
총 11획　ノ　一　亡　亡　台　台　旨　重　重　動　動

動 움직일 동	動 움직일 동				動
		動			
			動		

生	動	感	生	動	感
날 생	움직일 동	느낄 감	생	동	감

★ 살아서 움직이는 것 같은 느낌

動	力	動	力				
움직일 동	힘 력(역)	동	력				

★ 전력, 수력, 풍력 등의 에너지를 기계적 에너지로 변환하여 일으킨 힘

✏️ 사람의 활동과 관련된 한자를 따라 써 보세요.

食	밥/먹을 식
	*부수 食
	총 9획　／　人　人　今　今　今　食　食　食

食					
밥/먹을 식					

間	食						
사이 간	밥/먹을 식						

⭐ 끼니와 끼니 사이에 먹는 음식

食	前						
밥/먹을 식	앞 전						

⭐ 밥을 먹기 전

✏️ 사람의 활동과 관련된 한자를 따라 써 보세요.

活
살 활

＊부수 氵

총 9획 丶 丶 氵 汗 汗 汗 活 活 活

活	活			活	
살 활	살 활				
			活		
活					

生	活	力	生	活	力
날 생	살 활	힘 력(역)	생	활	력

★ 삶을 살아 나갈 수 있는 힘이나 능력

活	氣	活	氣				
살 활	기운 기	활	기				

★ 활동력이 있거나 활발한 기운

✏️ 사람의 활동과 관련된 한자를 따라 써 보세요.

話 **말씀 화**
*부수 言
총 13획 ` 亠 亠 言 言 言 言 言 話 話 話 話 話

話 말씀 화				

童 아이 동	話 말씀 화						

⭐ 어린이를 위해 동심을 바탕으로 지은 이야기

電 번개 전	話 말씀 화						

⭐ 말의 음파를 전류나 전파로 바꾸어서 전달하고 이를 다시 음성으로 바꿔 통화할 수 있게 한 통신 수단

答

대답 답

*부수 ⺮

총 12획   ノ 𠂉 𠂇 𥫗 𥫗 𥫗 𥫗 𥫗 𥫗 答 答

答	答				
대답 답	대답 답				
	答				
				答	答

正	答	紙	正	答	紙
바를 정	대답 답	종이 지	정	답	지

★ 옳은 답을 써 놓은 종이

問	答	問	答				
물을 문	대답 답	문	답				

★ 서로 묻고 대답함

✏️ 사람의 활동과 관련된 한자를 따라 써 보세요.

記 **기록할 기**

＊부수 言

총 10획 　丶　亠　亍　言　言　言　言　記　記　記

記			記	
기록할 기				
				記

記	事			
기록할 기	일 사			

⭐ 신문이나 잡지 등에서 어떠한 사실을 알리는 글

後	記			
뒤 후	기록할 기			

⭐ 본문 끝에 덧붙여 기록하는 글. 뒷날의 기록을 뜻하기도 함

✏️ 사람의 활동과 관련된 한자를 따라 써 보세요.

事 　일 사

＊부수 亅

총 8획 　一 ㄱ ㄱ ㅋ ㅋ 亘 亘 事

事	事			事	
일 사	일 사				
	事				
					事

人	事	不	省	人	事	不	省
사람 인	일 사	아닐 불/부	살필 성	인	사	불	성

★ 제 몸에 벌어지는 일을 모를 만큼 정신을 잃은 상태

事	物	事	物				
일 사	물건 물	사	물				

★ 일과 물건을 아울러 이르는 말

46

✏️ 사람의 활동과 관련된 한자를 따라 써 보세요.

安			편안 안		

편안 안

*부수 宀

총 6획 丶 丶 宀 宀 安 安

安					
편안 안					

便	安						
편할 편	편안 안						

⭐ 편하고 걱정 없이 좋음

安	全	教	育				
편안 안	온전 전	가르칠 교	기를 육				

⭐ 일상생활에서 일어날 수 있는 사고를 방지하고, 재해가 발생했을 때 자신을 지키는 준비를 위한 교육

✏️ 사람의 활동과 관련된 한자를 따라 써 보세요.

自	스스로 자
	*부수 自
	총 6획 ′ ′ 竹 竹 自 自

自	自		自	
스스로 **자**	스스로 학			
		自		
			自	

自	白	自	白		
스스로 **자**	흰 백	자	백		

⭐ 자기가 저지른 죄나 자기의 허물을 남들 앞에서 스스로 고백함

自	立	心	自	立	心
스스로 **자**	설 립(입)	마음 심	자	립	심

⭐ 남에게 의지하지 않고 자기 스스로 서려는 마음가짐

✏️ 사회와 관련된 한자를 따라 써 보세요.

家 집 가

*부수 宀
총 10획 丶 丶 宀 宀 宇 宇 宇 家 家 家

家				
집 가				

家	內				
집 가	안 내				

⭐ 집안

一	家	門	中			
한 일	집 가	문 문	가운데 중			

⭐ 멀고 가까운 모든 일가(一家)

✏️ 사회와 관련된 한자를 따라 써 보세요.

市					

저자 시

*부수 巾

총 5획 ` 一 亠 亣 市

市 저자 시	市 저자 시		市		
			市		
市					

市 저자 시	內 안 내	市 시	內 내				

⭐ 시의 경계 안. 도시의 중심가를 뜻하기도 함

市 저자 시	長 긴 장	市 시	長 장				

⭐ 지방 자치 단체인 시의 책임자

✏️ 사회와 관련된 한자를 따라 써 보세요.

場 마당 장

＊부수 土

총 12획   一 十 土 圵 圮 坦 坦 坦 堨 場 場 場

場				
마당 장				

市	場				
저자 시	마당 장				

⭐ 물건의 거래가 이루어지는 일정한 장소

登	場	人	物				
오를 등	마당 장	사람 인	물건 물				

⭐ 연극, 영화, 소설 등에 나오는 인물

✏️ 사회와 관련된 한자를 따라 써 보세요.

農	농사 농
	*부수 辰
	총 13획　丶 冂 曱 甴 曲 曲 曲 農 農 農 農 農 農

農	農		農		
농사 농	농사 농				

	農				

				農	

農	事	農	事		
농사 농	일 사	농	사		

★ 논이나 밭에 씨를 뿌리고 가꾸어 거두는 등의 농작물 재배 과정을 통틀어 이르는 말

農	場	農	場		
농사 농	마당 장	농	장		

★ 농기구, 노동력과 일정한 설비를 갖추고 농업을 경영하는 곳

✏️ 사회와 관련된 한자를 따라 써 보세요.

世

인간 세

*부수 一

총 5획 一 十 卄 卅 世

世					
인간 세					

世	上	萬	事				
인간 세	윗 상	일만 만	일 사				

⭐ 세상에서 일어나는 여러 가지 일

中	世						
가운데 중	인간 세						

⭐ 역사의 시대 구분 중 하나로 고대와 근대 사이. 보통 우리나라에서는 고려 시대 전체를 말해요.

✏️ 사회와 관련된 한자를 따라 써 보세요.

正

바를 정

＊부수 止

총 5획　一 丁 下 正 正

正	正				正
바를 정	바를 정				
		正			
正					

正	直	正	直				
바를 정	곧을 직	정	직				

⭐ 마음에 거짓이나 꾸밈이 없이 바르고 곧음

正	中	央	正	中	央
바를 정	가운데 중	가운데 앙	정	중	앙

⭐ 어떤 공간의 바로 가운데

✏️ 사회와 관련된 한자를 따라 써 보세요.

道

길 도

*부수 辶

총 13획 丶 丷 䒑 䒑 产 产 首 首 首 首 道 道 道

道				
길 도				

中	道						
가운데 중	길 도						

★ 어느 한쪽으로도 치우치지 않은 입장. '중도에(서)'로 쓰일 때는 오가는 길의 중간이란 의미예요.

人	道						
사람 인	길 도						

★ 사람이 다니는 길

✏️ 사회와 관련된 한자를 따라 써 보세요.

車	수레 거/차
	*부수 車
	총 7획　一　ㄈ　冃　戸　百　亘　車

車	車		車		
수레 거/차	수레 거/차				
				車	
車					

自	動	車	自	動	車
스스로 자	움직일 동	수레 차	자	동	차

⭐ 휘발유나 가스, 전기 등을 원료로 한 동력으로 바퀴를 회전시켜 저절로 움직이는 차

人	力	車	人	力	車
사람 인	힘 력(역)	수레 거	인	력	거

⭐ 사람이 끄는, 바퀴가 두 개 달린 수레. 주로 사람을 태워요.

漢 | 한수/한나라 **한**

＊부수 氵

총 14획 丶 氵 氵 汁 汁 汁 汁 汁 潼 潼 潼 潼 漢 漢

漢					
한수/한나라 한					

漢	字					
한수/한나라 한	글자 자					

⭐ 고대 중국에서 만들어져 오늘날에도 쓰이는 표의 문자. 우리나라와 일본에서도 쓰고 있어요.

門	外	漢			
문 문	바깥 외	한수/한나라 한			

⭐ 어떤 일에 바로 관계가 없는 사람. 또는 어떤 일에 전문적 지식이 없는 사람

家		九		內	
집 가		아홉 구		안 내	
間		國		女	
사이 간		나라 국		여자 녀(여)	
江		軍		年	
강 강		군사 군		해 년(연)	
車		金		農	
수레 거/차		쇠 금/성씨 김		농사 농	
空		記		答	
빌 공		기록할 기		대답 답	
工		氣		大	
장인 공		기운 기		큰 대	
敎		南		道	
가르칠 교		남녘 남		길 도	
校		男		東	
학교 교		사내 남		동녘 동	

動		門		事	
움직일 동		문 문		일 사	
力		物		山	
힘 력(역)		물건 물		메/산 산	
六		民		三	
여섯 륙(육)		백성 민		석 삼	
立		方		上	
설 립(입)		모 방		윗 상	
萬		白		生	
일만 만		흰 백		날 생	
每		父		西	
매양 매		아버지 부		서녘 서	
名		北		先	
이름 명		북녘 북		먼저 선	
母		不		姓	
어머니 모		아닐 불/부		성 성	
木		四		世	
나무 목		넉 사		인간 세	

小		五		日	
작을 소		다섯 오		날 일	
水		午		長	
물 수		낮 오		긴 장	
手		王		自	
손 수		임금 왕		스스로 자	
時		外		子	
때 시		바깥 외		아들 자	
市		右		場	
저자 시		오른 우		마당 장	
食		月		電	
밥/먹을 식		달 월		번개 전	
室		二		前	
집 실		두 이		앞 전	
十		人		全	
열 십		사람 인		온전 전	
安		一		正	
편안 안		한 일		바를 정	

弟		八		話	
아우 제		여덟 팔		말씀 화	
足		平		活	
발 족		평평할 평		살 활	
左		下		孝	
왼 좌		아래 하		효도 효	
中		學		後	
가운데 중		배울 학		뒤 후	
直		韓			
곧을 직		나라/한국 한			
靑		漢			
푸를 청		한수/한나라 한			
寸		海			
마디 촌		바다 해			
七		兄			
일곱 칠		형 형			
土		火			
흙 토		불 화			

✏ 모양이 비슷한 한자들을 구분하여 읽고 따라 써 보세요.

工	工		
장인 공	장인 공		

江	江		
강 강	강 강		

空	空		
빌 공	빌 공		

全	全		
온전 전	온전 전		

金	金		
쇠 금/성씨 김	쇠 금/성씨 김		

母	母		
어머니 모	어머니 모		

每	每		
매양 매	매양 매		

海	海		
바다 해	바다 해		

車	車		
수레 거/차	수레 거/차		

軍	軍		
군사 군	군사 군		

✎ 다음 반대의 뜻을 가진 한자들을 읽고 따라 써 보세요.

上			下		
윗 상			아래 하		
左			右		
왼 좌			오른 우		
先			後		
먼저 선			뒤 후		
前			後		
앞 전			뒤 후		
內			外		
안 내			바깥 외		
男			女		
사내 남			여자 녀(여)		
江			山		
강 강			메/산 산		
山			海		
메/산 산			바다 해		
手			足		
손 수			발 족		

✏️ 다음 비슷한 뜻을 가진 한자들을 읽고 따라 써 보세요.

家	家		
집 가	집가		

室	室		
집 실	집실		

方	方		
모 방	모방		

道	道		
길 도	길도		

正	正		
바를 정	바를 정		

直	直		
곧을 직	곧을 직		

生	生		
날 생	날 생		

出	出		
날 출	날 출		

平	平		
평평할 평	평평할 평		

安	安		
편안 안	편안 안		

安	安		
편안 안	편안 안		

全	全		
온전 전	온전 전		

✎ 다음 사자성어를 읽고 따라 써 보세요.

四	方	八	方	여기저기 모든 방향이나 방면			
넉 사	모 방	여덟 팔	모 방				

上	下	左	右	위, 아래, 왼쪽, 오른쪽을 아울러 이르는 말로 모든 방향을 가르킴			
윗 상	아래 하	왼 좌	오른 우				

南	男	北	女	우리나라에서, 남자는 남쪽 지방 사람이 잘나고, 여자는 북쪽 지방 사람이 아름답다고 전해 내려오는 말			
남녘 남	사내 남	북녘 북	여자 녀(여)				

四	海	兄	弟	사방이 형제라고 풀이되며 마음과 뜻을 같이 하면 누구나 형제처럼 지낼 수 있다는 말			
넉 사	바다 해	형 형	아우 제				

世	上	萬	事	세상에서 일어나는 모든 일
인간 세	윗 상	일만 만	일 사	

人	山	人	海	사람으로 산과 바다를 이룰 만큼 사람이 많이 모인 상태를 이르는 말
사람 인	메/산 산	사람 인	바다 해	

土	木	工	事	땅과 하천 따위를 고쳐 만드는 공사
흙 토	나무 목	장인 공	일 사	

八	道	江	山	팔도의 강산이라는 뜻으로, 우리나라 전체의 강산을 이르는 말
여덟 팔	길 도	강 강	메/산 산	

父	父	子	子	아버지는 아버지 노릇을 하고, 아들은 아들 노릇을 함			
아버지 부	아버지 부	아들 자	아들 자				

足	不	足	間	넉넉하여 모자람이 없든지 모자라든지 간에			
발 족	아닐 부	발 족	사이 간				

歌	口	旗	冬	洞	同	登	來	老	里
노래 가	입 구	기 기	겨울 동	골 동/밝을 통	한가지 동	오를 등	올 래(내)	늙을 로(노)	마을 리
林	面	命	文	問	百	夫	算	色	夕
수풀 림(임)	낯 면	목숨 명	글월 문	물을 문	일백 백	지아비 부	셈 산	빛 색	저녁 석
所	少	數	植	心	語	然	有	育	邑
바 소	적을 소	셈 수	심을 식	마음 심	말씀 어	그럴 연	있을 유	기를 육	고을 읍
入	字	祖	住	主	重	地	紙	川	千
들 입	글자 자	할아버지 조	살 주	주인/임금 주	무거울 중	땅 지	종이 지	내 천	일천 천
天	草	村	秋	春	出	便	夏	花	休
하늘 천	풀 초	마을 촌	가을 추	봄 춘	날 출	편할 편/똥오줌 변	여름 하	꽃 화	쉴 휴